Camu Ymlaen

Lefel 1: Mynediad

Camu Ymlaen

Lefel 1: Mynediad

Meleri Wyn James (gol.)

Rhan o gyfres Ar Ben Ffordd

Hoffai'r Lolfa ddiolch i:

Elwyn Hughes, Cydlynydd Uwch, Cymraeg i Oedolion, Prifysgol Bangor
Dr Rhiannon Packer, Uwchddarlithydd Cymraeg, Addysg a Dyniaethau, Prifysgol Cymru, Casnewydd
Jane Davies, Tiwtor Cymraeg i Oedolion, Canolfan Morgannwg
Lynne Davies, Swyddog Datblygu Casnewydd, Cymraeg i Oedolion, Canolfan Gwent
David Stansfield, Tiwtor Cymraeg i Oedolion, Prifysgol Caerdydd
Mark Stonelake, Swyddog Cwricwlwm ac Adnoddau, Cymraeg i Oedolion, Prifysgol Abertawe
Steve Morris, Academi Hywel Teifi, Prifysgol Abertawe am ei waith ymchwil ar eirfa graidd
a chylchgrawn *lingo newydd* i ddysgwyr Cymraeg

Argraffiad cyntaf: 2012

Cynhyrchwyd y gyfrol hon gyda chymorth ariannol
Adran AdAS Llywodraeth Cymru

Golygydd: Meleri Wyn James
Cynllun y clawr: Rhys Huws

Rhif llyfr rhyngwladol: 978 1 84771 459 6

Cyhoeddwyd ac argraffwyd yng Nghymru
gan Y Lolfa Cyf., Talybont, Ceredigion, SY24 5HE
e-bost: ylolfa@ylolfa.com
y we: www.ylolfa.com
ffôn: 01970 832304
ffacs: 01970 832782

Ar Ben Ffordd

Darnau difyr i ddysgwyr sy'n dechrau darllen neu'n dilyn cwrs lefel Mynediad.

Camu Ymlaen (*Stepping Forward*) ydy'r llyfr cynta mewn cyfres o lyfrau o'r enw Ar Ben Ffordd (idiom: to help someone get started).

Mae yma amrywiaeth o ddeunydd ffeithiol a ffuglen, dwys a difyr gyda geiriau i'ch helpu ar bob tudalen. Mae'r darnau wedi eu hysgrifennu gan arbenigwyr ym maes dysgu Cymraeg fel Heini Gruffudd.

Elwyn Hughes, Cydlynydd Uwch Cymraeg i Oedolion ym Mhrifysgol Bangor, ydy ymgynghorydd ieithyddol Ar Ben Ffordd.

Am y tro cynta, mae'r gyfres hon yn arwain dysgwyr ymlaen o'r amser pan maen nhw'n dechrau darllen (Lefel 1: Mynediad) at Lefel 2 (Sylfaen), i rai sy'n dysgu Cymraeg ers blwyddyn neu ddwy, a Lefel 3 (Canolradd), i rai sy'n fwy profiadol.

Mae'n rhan o brosiect Llyfrau Darllen Cymraeg i Oedolion AdAS ac yn ymateb i'r angen yn y maes am gyfres o lyfrau darllenadwy i roi hyder i ddysgwyr ar eu siwrnai o un cam i'r nesa.

Darllenwch y gyfres Ar Ben Ffordd i gyd: Lefel 1 (Mynediad): *Camu Ymlaen* a *Ling-di-long*; Lefel 2 (Sylfaen): *Mynd Amdani* a *Nerth dy Draed*; Lefel 3 (Canolradd): *Ar Garlam* a *Cath i Gythraul*.

Enjoyable reading material for learners who are ready to start reading in Welsh.

Camu Ymlaen is the first book in a new series which provides accessible reading material for learners with vocabulary on each page written by experts in the field of Welsh for learners. Elwyn Hughes from the department of Welsh for Adults at Bangor University acts as Ar Ben Ffordd's language consultant. This is the first series of its kind which aims to start learners on the road to learning Welsh and provide them with the confidence to continue with their journey to Level 2 (Sylfaen) and Level 3 (Canolradd).

Also in the Ar Ben Ffordd series: Level 1 (Mynediad): *Ling-di-long*; Level 2 (Sylfaen): *Mynd Amdani* and *Nerth dy Draed*; Level 3 (Canolradd): *Ar Garlam* and *Cath i Gythraul*.

Cynnwys

Gog = geiriau sy'n cael eu defnyddio yng ngogledd Cymru/
words used in north Wales
De = geiriau sy'n cael eu defnyddio yn ne Cymru/*words used
in south Wales*

Beth ydy'r enw?

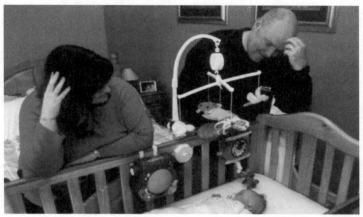

Llun: Gareth Morgan

Mae gan Siôn a Siân fabi newydd. Ond rhaid cael enw i'r babi. Tybed beth?

Yn y stafell wely:

Siôn: Nos da, babi.

Siân: Nos da, cysga'n dawel.

Siôn: Paned o de?

Siân: Shh, Siôn!

Siôn: (Yn dawel) Sori. Paned o de?

Siân: Plis. 'Dyn ni'n haeddu paned o de.

Yn y gegin:

Siôn: Dyma ti. Te cryf, dim siwgr.

Siân: Diolch.

Siôn: Beth sy'n bod?

Siân: Rhaid i ni gael enw i'r babi.

Siôn: Oes. Ond beth…?

Siân: Beth am Siân neu Catrin?

Siôn: O, na! Dw i eisiau enw gwahanol.

Siân: Beth am Gwenhwyfar neu Anastasia?

Siôn: Ych a fi! Mae'n swnio fel enw ar salwch ofnadwy.

Siân: Beth am enw sy'n siwtio'r amser yma o'r flwyddyn?

Siôn: Syniad da… Beth am Gwanwyn… neu Eisteddfod?

Siân: Siôn!

Siôn: Sori.

Siân: Beth am Mai?

Siôn: Ie. Dw i'n hoffi Mai.

Geiriau

haeddu – *to deserve*

gwahanol – *different*

swnio fel – *to sound like*

salwch – *illness*

gwanwyn - *spring*

Ti'n jocan

Doctor, doctor, dwi wedi llyncu neidr.

Sut ti'n teimlo?

Sssâl.

Geiriau
jocan (de) = jocio (gog) – *to joke*
llyncu – *to swallow*
neidr – *snake*

Llun: Huw Aaron

Wyt ti'n gwybod ble mae Baghdad?

Nac ydw, ond mae bag Mam yn y gegin.

Dyma'r newyddion – 1

Newyddion drwg

Yn Syria heddiw, roedd miloedd o bobl yn protestio, ac mae cant o bobl wedi marw.
Yn Ethiopia, mae miliynau o bobl heb fwyd a heb ddŵr, ac mae miloedd o bobl yn marw bob mis.

Newyddion da

Mae dwy fil o fabanod yn cael eu geni bob blwyddyn yn ynysoedd Prydain. Mae pump o fabanod yn cael eu geni bob eiliad yn y byd.

Pa enwau babanod sy'n boblogaidd yng Nghymru? Mae Elis, Cai a Jac yn enwau poblogaidd i fechgyn. Mae Megan, Bethan a Beca yn enwau poblogaidd i ferched.

Geiriau
mil, miloedd – *thousand,s*
wedi marw – *died*
miliwn, miliynau – *million,s*
baban,od – *baby, babies*
cael eu geni – *are born*
ynysoedd Prydain – *British Isles*
eiliad – *second*
poblogaidd – *popular*
bechgyn – *boys*

Yn y garej

Llun: Gareth Morgan

Yn y bore:

Dewi:	Helô.
Mecanic:	Helô. Ga i'ch helpu chi?
Dewi:	Mae problem efo'r car.
Mecanic:	'Dach chi yn y lle iawn, 'ta. Be' sy'n bod ar y car?
Dewi:	Dw i ddim yn gwybod. Dw i ddim yn fecanic. Chi ydy'r mecanic.
Mecanic:	Ha, ha. Ia, da iawn. Be' ydy'r symptomau, 'ta?
Dewi:	Mae sŵn ofnadwy yn dod o'r car. Mae o'n mynd ar fy nerfau i…! Ydy hi'n broblem fawr?
Mecanic:	Dw i ddim yn gwybod eto. Rhaid i mi edrych ar y car.
Dewi:	Ydy hi'n broblem ddrud?
Mecanic:	Dw i ddim yn gwybod eto. Rhaid i mi edrych ar y car.

Yn y pnawn:

Mecanic: Dw i'n gwybod be' ydy'r broblem.

Dewi: Gwych! Be' sy'n bod? Yr injan?

Mecanic: Na. Dw i wedi tynnu'r injan o'r car ac mae'r injan yn iawn.

Dewi: Y brêcs?

Mecanic: Na. Dw i wedi edrych ar y brêcs ac maen nhw'n iawn hefyd.

Dewi: Wel, be' 'ta?

Mecanic: Carreg fach – yn y teiar. Dyna sy'n gwneud y sŵn.

Dewi: Carreg fach? Wel, diolch byth! Job fach oedd hi 'ta. Dydy hi ddim yn mynd i gostio llawer, ydy hi?

Mecanic: Wel, dw i wedi tynnu'r injan, dw i wedi edrych ar y brêcs. 'Dach chi'n teimlo'n iawn, syr? 'Dach chi ddim yn edrych yn dda iawn.

Dewi: Mae'r car yn well. Ond rŵan dw i'n teimlo'n sâl.

Geiriau

yn y lle iawn – *in the right place*
drud – *expensive*
gwych – *excellent*
tynnu – *to pull, to take out*
carreg – *stone*

Dyma'r newyddion – 2

Dyma newyddion Cymru:

Mae ffatri yn cau ym Mhen-y-bont ac mae dau gant o bobl yn colli eu swyddi. Mae'r ffatri yn gwneud ceir. Mae hi ar agor ers pum mlynedd ac yn rhoi gwaith i bobl leol. Cwmni o Tsieina sy biau'r ffatri. Cafodd y cwmni filoedd o bunnoedd gan y Cynulliad i ddod i Gymru.

Mae coeden wedi cwympo yn Heol y Nos, Clydach. "Welais i ddim byd," meddai dyn lleol.

Mae dafad ar goll yn fferm yr Aran, y Bala. Aeth hi'n bell? "Dw i ddim yn meee-ddwl," meddai ffrind.

A newyddion Ewrop:

Yn Ewrop, mae'r banciau unwaith eto mewn perygl. Does dim arian gyda'r banciau yng Ngwlad Groeg, a does dim arian gyda'r banciau ym Mhortiwgal. A dweud y gwir, does dim arian gyda'r banciau yn Lloegr, yr Almaen, Ffrainc, Iwerddon...

Mae arian yn brin, ond mae gwyliau byr yn boblogaidd o hyd. Y tri lle mwya poblogaidd ydy Paris, Efrog Newydd a Dubai. Mae pobl yn mwynhau rhamant Paris... prysurdeb Efrog Newydd... a haul Dubai. Mae'r haul yn gwenu trwy'r flwyddyn yn Dubai – sy'n rhoi gwên ar wynebau pan mae arian yn brin.

Geiriau

colli eu swyddi – *losing their jobs*
mlynedd – *year*
pobl leol – *local people*
piau – *own*
y Cynulliad – *the Assembly*
dafad – *sheep*
ar goll – *lost*
mewn perygl – *in danger*
Gwlad Groeg – *Greece*
prin – *scarce*
byr – *short*
rhamant – *romance*
prysurdeb – *bustle*

Actorion ardal Port Talbot – 1

Holi Richard Burton

Ar Ben Ffordd: Helô.
Richard Burton: Helô, shwmai.

ABFf: Richard Burton ydy eich enw chi nawr. Ond beth oedd eich enw chi yn wreiddiol?
RB: Richard Walter Jenkins. Dyna oedd enw fy nhad i.

ABFf: 'Dych chi'n enwog am actio… ac fel Cymro…
RB: Ydw. Roedd fy nhad yn dod o Bontrhydyfen yn wreiddiol ac roedd y teulu'n siarad Cymraeg.
ABFf: Oedd e'n gweithio?
RB: Oedd. Glöwr oedd fy nhad i.

ABFf: A beth am eich mam chi?
RB: Buodd Mam farw pan oeddwn i'n ddwy oed. Cecilia, fy chwaer i, ac Elfed, ei gŵr hi, oedd yn gofalu amdana i.

ABFf: Sut dechreuodd eich diddordeb chi mewn actio?

RB: Trwy Philip Burton, fy athro i. Roedd e'n gweld addewid. Newidiais i fy enw i o Jenkins i Burton.

ABFf: Beth oedd enw eich ffilm gyntaf chi?

RB: *The Last Days of Dolwyn,* ffilm am foddi pentre yng Nghymru.

ABFf: Yna daethoch chi'n enwog...

RB: Do. Gwnes i ddrama radio yn 1954. *Under Milk Wood* oedd enw'r ddrama. Dylan Thomas ysgrifennodd hi. Fi oedd yr adroddwr.

ABFf: 'Dych chi'n briod?

RB: Priodais i bump o weithiau: Sybil Williams (1949– 1963); Elizabeth Taylor (1964–1974 ac 1975–1976); Susan Hunt (1976–1982) a Sally Hay (1983–1984).

Buodd Richard Burton farw yn 58 oed, ar Awst y 5ed, 1984.

Geiriau

glöwr – *coal miner*
buodd ... farw – *died*
gofalu amdana i – *to look after me*
gweld addewid – *to see potential*
boddi – *to drown*
adroddwr – *narrator*
priodi – *to marry*
pump o weithiau – *five times*

Dyma'r tywydd

Bore 'ma bydd hi'n bwrw glaw yn Abertawe, ond prynhawn
'ma bydd hi'n boeth yn Nhre-boeth.
Bydd hi'n bwrw trwy'r dydd yng Nghaerdydd, ond bydd
hi'n braf yn Llandaf prynhawn 'ma.
Bydd hi'n gymylog yng Nghwmsymlog a bydd cawod efallai
yn Llandrindod a bydd cymylau yn Aberdaugleddau.
O ie, yn od iawn, ddoe, roedd hi'n bwrw eira yn Madeira.
Ac wrth gwrs, mae hi'n rhewi yn Nhyddewi!

Geiriau
cawod – *shower*
cymylau – *clouds*
Aberdaugleddau – *Milford Haven*
rhewi – *to freeze*
Tyddewi – *St David's*

Pwy sy'n siarad Cymraeg?

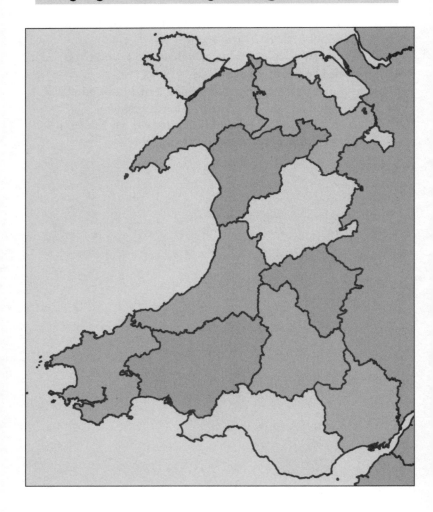

Yn gallu siarad Cymraeg 2001

Awdurdod lleol	Nifer	Canran
Ynys Môn	38,893	*60.1*
Gwynedd	77,846	*69.0*
Conwy	31,298	*29.4*
Sir Ddinbych	23,760	*26.4*
Sir y Fflint	20,599	*14.4*
Wrecsam	18,105	*14.6*
Powys	25,814	*21.1*
Ceredigion	37,918	*52.0*
Sir Benfro	23,967	*21.8*
Sir Gaerfyrddin	84,196	*50.3*
Abertawe	28,938	*13.4*
Castell-nedd Port Talbot	23,404	*18.0*
Pen-y-bont ar Ogwr	13,397	*10.8*
Bro Morgannwg	12,994	*11.3*
Rhondda Cynon Taf	27,946	*12.5*
Merthyr Tudful	5,532	*10.2*
Caerffili	18,237	*11.2*
Blaenau Gwent	6,417	*9.5*
Tor-faen	9,780	*11.1*
Sir Fynwy	7,688	*9.3*
Casnewydd	13,135	*10.0*
Caerdydd	32,504	*11.0*
Cymru	582,368	*20.8*

Y de neu'r gogledd? Ble mae'r nifer ucha o siaradwyr
Cymraeg yng Nghymru? Beth 'dych chi'n feddwl?
Wel, mae'r nifer ucha o siaradwyr Cymraeg yn Sir
Gaerfyrddin. Mae 84,196 o siaradwyr Cymraeg yn Sir
Gaerfyrddin i gyd. Yr ail nifer ucha ydy Gwynedd ac Ynys
Môn yn drydydd.

Ond ble mae'r ganran ucha o siaradwyr Cymraeg? Yn y de eto? Neu yn y gogledd y tro yma? Yn y gogledd ydy'r ateb y tro yma. Mae'r ganran ucha o siaradwyr Cymraeg yng Ngwynedd ble mae 69% o bobl yn siarad Cymraeg. Mae Ynys Môn yn ail a Cheredigion yn drydydd.

Sir Gaerfyrddin ydy'r nesa. Ond, dim ond hanner cant y cant o'r bobl yn Sir Gaerfyrddin sy'n siarad Cymraeg.

Ble yng Nghymru mae'r nifer lleia o siaradwyr Cymraeg? Merthyr Tudful. Dim ond 5,532 o bobl sy'n siarad Cymraeg ym Merthyr Tudful.
A ble mae'r ganran leia o siaradwyr Cymraeg? Sir Fynwy. Dim ond 9.3% o'r bobl sy'n siarad Cymraeg yno. Blaenau Gwent ydy'r nesa gyda 9.5% o siaradwyr Cymraeg ac yna Casnewydd a Merthyr Tudful.

Geiriau
awdurdod lleol — *local authority*
nifer — *number*
canran — *percentage*
ucha — *highest*
siaradwyr — *speakers*
Sir Gaerfyrddin — *Carmarthenshire*
ail — *second*
trydydd — *third*
lleia — *smallest, least*
Sir Fynwy — *Monmouthshire*

Y tenor fflat

Bore Sadwrn Siarad:

- Wyt ti'n gallu canu?
- Ydw, dipyn bach.
- Da iawn! Wyt ti'n canu bas neu denor?
- Tenor – o ryw fath!
- Tenor? Da iawn. 'Dyn ni'n chwilio am denoriaid newydd i'r côr. Dere nos Fercher, 'te.
- (Yn meddwl) O diar. Ond dw i ddim yn gallu canu'n dda…

Nos Fercher:

- Nawr 'te, denoriaid, canwch hwnna eto… O diar, mae rhywun yn canu'n fflat!
- (Yn meddwl) Fi sy'n canu'n fflat – dw i ddim yn gallu canu.
- Gwenwch pan 'dych chi'n canu, mae'n helpu… Mm, tipyn bach yn well.
- Dw i'n mynd i wenu bob tro!
- Nawr 'te, denoriaid, canwch hwnna eto… Wel da iawn… does neb yn fflat nawr.

Ar ôl y côr:

- Rwyt ti'n gallu canu, bachan.
- Wel, roeddwn i dipyn bach yn fflat.
- Gyda llaw, ble rwyt ti'n byw?
- Mewn fflat yn y dre.
- Oes teulu gyda ti?
- Na, dw i'n byw ar fy mhen fy hun – dyna pam dw i'n teimlo dipyn bach yn fflat weithiau!

Geiriau

o ryw fath – *of some sort*
chwilio am – *to look for*
côr – *choir*
dere (de) = tyrd (gog) – *come (command)*
gwenu – *to smile*
bob tro – *every time*
bachan (de) = boi/ mêt (gog) – *mate*
gyda llaw – *by the way*
ar fy mhen fy hun – *on my own*

Y llun yn y papur – 1

Roedd hi'n noson dywyll, ddeg mlynedd yn ôl. Roedd hi'n dywyll, ac roedd hi'n bwrw glaw.

Ro'n i'n gyrru o Aberystwyth i Abertawe – ro'n i'n teithio unwaith bob wythnos. Ro'n i'n gallu gweld rhywun ar y ffordd – bachgen ifanc oedd e, wel, dyn ifanc. Roedd e'n codi ei law. Eisiau lifft, siŵr o fod. Stopiais i'r car.

Eisiau lifft?
Diolch! Dw i'n mynd i Gaerdydd. 'Dych chi'n mynd i Gaerdydd?
Wel, dw i'n mynd i Abertawe – dw i'n gallu rhoi lifft i chi i Benllergaer.
Diolch yn fawr iawn!

Daeth e i mewn i'r car. Roedd ei got yn wlyb, roedd ei drowsus yn wlyb, roedd ei esgidiau'n wlyb.

O ble wyt ti'n dod?
Dw i'n dod o Gaerdydd, ond dw i wedi bod yn ymarfer.
Ymarfer?
Ie, ymarfer, milwr ydw i.

Do'n i ddim yn gwybod sut i ateb.

Am weddill y stori, rhaid i chi fynd i dudalen 28

Geiriau
tywyll – *dark*
deg mlynedd – *ten years*
yn ôl – *ago*
codi llaw – *to wave*
esgidiau – *shoes*
milwr – *soldier*
gweddill – *the rest*

Bacwn ac wy

Mae Meri ers amser yn trio
Gwneud bacwn ac wy wedi'i ffrio,
Fe fethodd hi'n lân,
Aeth y bacwn ar dân,
Dros baned fe fuodd hi'n crio.

Geiriau
ers amser – *for a while*
methu'n lân – *to fail completely*
ar dân – *on fire*

Cartrefol

Mae o'n cael
Ei *Big Issue*
Bob wythnos drwy'r post.

Yn syth
I'w gartref.

Glyn Evans

Y llun yn y papur – 2

Wyt ti'n mynd yn ôl i ymarfer wythnos nesa?
Na. Dw i'n mynd i Afghanistan.
Druan â ti!
Na, dw i eisiau mynd. Rhaid i fi fynd, wrth gwrs, ond dw i
eisiau gweld y byd.

Do'n i ddim yn gwybod, eto, sut i ateb. 'Dyn ni wedi
bomio Afghanistan, bomio Irac, bomio yn y Falklands, a
bomio Libya…

Pryd wyt ti'n mynd?
Dydd Llun.
Wel, os wyt ti eisiau lifft eto, dw i'n gyrru bob wythnos,
bob nos Lun, o Aberystwyth i Abertawe.

Ro'n ni nawr wedi cyrraedd Penllergaer.

Diolch am y lifft!
Croeso!
Gwela i ti!
Gwela i ti eto!

Aeth y milwr allan o'r car, i'r glaw, i'r nos.

Do, gwelais i fe eto. Gwelais i fe yn y *Western Mail*, y mis
nesaf. Roedd ei lun e yn y papur. Dan y llun roedd ei enw,
Preifat Colin Hughes, 22 oed, o Gaerdydd. Druan â fe, dw i
ddim yn mynd i'w weld e eto ar y ffordd o Aberystwyth i
Abertawe.

Geiriau

druan â ti – *you poor thing*
byd – *world*
gwela i ti – *see you*

Rhigymau – 1

Oes plant bach gyda chi? 'Dych chi'n gallu canu?

Gee Ceffyl Bach

'Dych chi'n gallu rhoi plentyn ar eich pen-glin pryd 'dych chi'n canu 'Gee ceffyl bach'. Pan 'dych chi'n canu 'Gwympon ni'n dau', 'dych chi'n gadael i'r plentyn gwympo rhwng eich pen-gliniau dipyn bach. Yna 'dych chi'n codi'r plentyn eto a chanu 'Wel dyna chi dric!'

Geiriau

gee – *gee up*
ceffyl – *horse*
ni'n dau – *the two of us*
hela – *hunt, collect*
cnau – *nuts*
cerrig – *stones*
slic – *slippery*
cwympo (de) = syrthio (gog) – *to fall*
dyna chi dric – *what a trick*
rhoi – *to put, to give*
pen-glin,iau – *knee,s*
codi – *to lift*

Rhaglenni S4C

18:00 Pobol y Cwm
Mae rhywun yng Nghwmderi wedi cael annwyd.

18:30 Pobol y Cwm
Mae un o bobl Cwmderi wedi marw.

19:00 Heno
Mae'r rhaglen heno'n dod o Aberystwyth. Mae'r Llyfrgell
Genedlaethol wedi prynu llyfr arbennig.

19:30 Newyddion
Y newyddion diweddara o Gymru.

20:00 Noson Lawen
Mae Noson Lawen heno'n dod o Bontypridd. Bydd Catrin
Finch, Huw Chiswell a'i fand, a Chôr Godre'r Garth yn
perfformio.

21:30 Sgorio
Mae Abertawe'n chwarae Chelsea, mae Caerdydd yn
chwarae Yeovil.

22:30 Iolo yn yr Alpau
Iolo Williams yn cerdded yn y mynyddoedd, yn chwilio am
flodyn arbennig.

23:00 Newyddion a'r Tywydd
Mae hi'n mynd i fwrw glaw yfory.

23:15 Y Dydd yn y Cynulliad
Rhaglen dda os 'dych chi ddim yn gallu cysgu.

Geiriau
cenedlaethol – *national*
diweddara – *latest*
yr Alpau – *the Alps*
blodyn, blodau – *flower,s*

Rhaglenni BBC 1

18:00 BBC News
Newyddion Lloegr a'r byd.
18:30 Wales Today
Newyddion Cymru a'r tywydd (mae hi'n mynd i fwrw glaw).
19:00 The One Show
Sut mae Alex Jones yn siarad Saesneg yn dda? Mae hi'n dod o Rydaman!
19:30 Weatherman Walking
Derek Brockway yn cerdded yn Sir Benfro. Mae e bob amser yn hapus ac yn hoffi siarad Cymraeg.
20:00 Eastenders
Mae Bianca a Ricky yn cweryla.
20:30 The One Griff Rhys Jones
Mae Griff Rhys Jones yn chwilio am ei deulu yng Nghaerdydd.
21:00 Sherlock
Mae Sherlock Holmes yn chwilio am Moriarty.
22:00 BBC News
Newyddion Lloegr a'r byd, unwaith eto.
22:30 Welsh Greats
Mae'r rhaglen yn edrych ar Margaret John a'i dramâu teledu.

Geiriau
cweryla – *to argue*

Y daith ar y trên – 1

Ro'n i yn yr Eidal, yn Tuscany. Ro'n i'n cael gwyliau braf iawn. Mae trefi hyfryd yn yr Eidal. 'Dych chi wedi bod yn Fflorens? Mae Fflorens yn hyfryd – mae'n hen dre, yn llawn pethau diddorol.

Ac wrth gwrs, Siena, a San Gimignano – hen drefi hyfryd eto. Mae'n hyfryd treulio diwrnod ar y sgwâr yn yr haul yn Siena, yn edrych ar y bobl a'r hen adeiladau. Ac yn San Gimignano, 'dych chi yn yr oesoedd canol.

Ond ro'n i'n aros yn Montecatini, tre spa yn y bryniau. Mae'n hyfryd iawn, 'dych chi'n gallu mynd i glywed cyngerdd yn y parc yn y nos, a 'dych chi'n gallu dal y trên i Lucca, i Pistoia, ac wrth gwrs, i Fflorens.

Ro'n i yn Pistoia un bore, ac ro'n i eisiau dal y trên yn ôl i Montecatini. Ces i hufen iâ, ac wedyn es i i'r orsaf, a daeth y trên. Ond o diar, doedd y trên ddim yn mynd i Montecatini. Do'n i ddim yn siŵr i ble roedd y trên yn mynd. Roedd e'n mynd i fyny i'r bryniau, am hanner awr, ond yn y pen draw stopiodd e. Ro'n i wedi cyrraedd Corbezzi.

Ewch i dudalen 34 i ddarllen mwy.

Geiriau

tref,i – *town,s*
treulio – *to spend*
adeilad,au – *building,s*
oesoedd canol – *middle ages*
bryn,iau – *hill,s*
cyngerdd – *concert*
dal – *to catch*
yn y pen draw – *in the end*

Ti'n jocan

Roedd gweinidog ar y bws, yn mynd adre ar ôl pregethu.
Daeth myfyriwr i mewn i'r bws. Roedd e wedi meddwi.
Eisteddodd e ar bwys y gweinidog.
"Fachgen, 'dych chi'n gwybod eich bod chi ar y ffordd i uffern?" gofynnodd y gweinidog.
Atebodd y myfyriwr: "Drat, ro'n i'n credu bod y bws yn mynd i Glydach."

Geiriau
gweinidog – *minister*
pregethu – *to preach*
myfyriwr – *student*
wedi meddwi – *drunk*
ar bwys – *beside*
uffern – *hell*

Y daith ar y trên – 2

Roedd problem gyda fi nawr. Doedd dim trên yn mynd yn ôl o Corbezzi i Pistoia, ac roedd y ffordd o Corbezzi wedi cau. Roedd dau ddyn ambiwlans ar y platfform.

Oes lle yma i gael bwyd?
Oes, yn y pentre, 'dyn ni'n gallu rhoi lifft i chi.
Diolch! Ond sut dw i'n gallu mynd yn ôl i Pistoia?
'Dyn ni ddim yn gwybod. Gofynnwch yn y tŷ bwyta.

Ces i lifft i'r tŷ bwyta. Roedd y tŷ bwyta mewn lle hyfryd iawn yno. Ro'n i'n gallu edrych allan dros y wlad. Roedd yr haul yn dechrau mynd i lawr.

Ga i weld y fwydlen?
Wrth gwrs.

Roedd y bwyd yn hyfryd iawn. Roedd merch y tŷ bwyta'n hyfryd iawn hefyd. Roedd llygaid pert gyda hi, ac roedd hi'n gwenu; roedd hi'n hoffi gwenu.

Gofynnais i:
Ydy hi'n bosib mynd yn ôl i Pistoia heno?
Nac ydy, mae'n ddrwg gen i, mae'r ffordd wedi cau. Bydd hi'n bosib yfory, efallai. Ond 'dych chi'n gallu aros yma. Mae ystafell gyda ni.

Ewch i dudalen 39 i ddarllen mwy.

Holi Anthony Hopkins

Ar Ben Ffordd: Helô Anthony.
Anthony Hopkins: Helô.

ABFf: 'Dych chi'n actor enwog iawn. Ydy actio yn y gwaed?
AH: Na, dw i ddim yn meddwl. Pobydd oedd fy nhad i. Richard Arthur Hopkins oedd ei enw e.

ABFf: O ble 'dych chi'n dod yn wreiddiol?
AH: O Fargam, Port Talbot.

ABFf: Beth oedd eich diddordebau chi?
AH: Roeddwn i'n hoffi canu'r piano a pheintio. Ond doeddwn i ddim yn hoffi'r ysgol.

ABFf: Beth wnaethoch chi ar ôl gadael yr ysgol?
AH: Roeddwn i'n hoffi Richard Burton ac es i i Goleg Cerdd a Drama Caerdydd.

ABFf: Sut dechreuoch chi actio?
AH: Yn Theatr y Palas, Abertawe, yn 1960. Y ddrama oedd *Have a Cigarette* – cyfieithiad o *Gymerwch chi Sigarét?* gan Saunders Lewis.

ABFf: Roedd Richard Burton yn actor da iawn. Ond chafodd e ddim Oscar. Beth amdanoch chi?
AH: Enillais i Oscar am chwarae Dr Hannibal Lecter yn y ffilm *Silence of the Lambs*.

ABFf: Ble 'dych chi'n byw nawr?

AH: Dw i'n byw yn Los Angeles.

ABFf: 'Dych chi'n briod?

AH: Ydw. Dw i wedi priodi dair gwaith. Dim cymaint â Richard Burton! Dw i'n briod â Stella Arroyave o Colombia nawr.

ABFf: 'Dych chi'n meddwl am Gymru o hyd?

AH: Ydw. Rhoiais i £1 miliwn o bunnoedd yn 1998 i brynu rhan o'r Wyddfa i'r Ymddiriedolaeth Genedlaethol.

'Dych chi'n gwybod?

Roedd Richard Burton yn hoffi dramâu Shakespeare, ac yn gallu eu cofio nhw'n dda.

Mae Anthony Hopkins hefyd yn hoffi Shakespeare ac yn gallu eu cofio nhw'n dda.

Geiriau

gwaed – *blood*
pobydd – *baker*
Coleg Cerdd a Drama – *College of Music and Drama*
cyfieithiad – *translation*
beth amdanoch chi? – *what about you?*
tair gwaith – *three times*
cymaint – *as much, as many*
yn briod â – *married to*
o hyd – *still*
rhan – *a part*
yr Wyddfa – *Snowdon*
Ymddiriedolaeth Genedlaethol – *National Trust*

Siopa

Mae Dafydd yn siopa yn yr archfarchnad, ond dydy e ddim yn gallu penderfynu...

Dyn: Cig oen neu gig eidion?
Dynes: Beth?

Dyn: Cig oen neu gig eidion. Dw i ddim yn gallu penderfynu.
Dynes: O, dw i'n gweld.

Dyn: Dafydd dw i. Sut mae?
Dynes: Helô Dafydd. Sara dw i... Dw i ddim yn gwybod.

Dyn: Beth?
Dynes: Y cig. Dw i ddim yn gwybod chwaith.

Dyn: Dw i'n coginio swper heno. Swper arbennig. Dw i'n gogydd da.
Dynes: Da iawn, Dafydd.

Dyn: Ond dw i ddim yn gallu penderfynu. Caserol cig eidion neu gyrri cig oen. Beth wyt ti'n feddwl?

Dynes: Wel…

Dyn: Dwyt ti ddim yn hoffi siopa bwyd?

Dynes: Na, dw i ddim. Dw i'n berson prysur. Dw i ddim yn hoffi coginio chwaith.

Dyn: Dw i'n hoffi siopa. Dw i'n mynd i goginio swper arbennig heno.

Dynes: O, da iawn.

Dyn: Wyt ti eisiau dod am swper heno? Ti a fi. Dw i'n siopa, dw i'n coginio.

Dynes: Y, y, y…

Dyn: Caserol cig oen neu gyrri cig eidion. Dw i'n gogydd da.

Dynes: Na, dim diolch.

Dyn: Pam? Dwyt ti ddim yn fy hoffi i?

Dynes: Na. Dw i ddim yn bwyta cig.

Geiriau

archfarchnad – *supermarket*
penderfynu – *to decide*
cig oen – *lamb*
cig eidion – *beef*
chwaith – *either*
arbennig – *special*
cogydd – *cook*

Y daith ar y trên – 3

Ces i fwyd da iawn, pysgodyn, salad a thatws; roedd y bwyd yn hyfryd. Ond doedd hi ddim yn bosib mynd yn ôl i Pistoia. Yfory efallai.

Ro'n i'n lwcus, ro'n i'n gallu aros yn y tŷ bwyta – roedd ystafell wely gyda nhw. Cysges i'n dda. Yn y bore, ces i frecwast da. Roedd y ferch hyfryd yno eto. Roedd hi'n gwenu eto.

Gofynnodd hi:

'Dych chi eisiau mynd yn ôl i Pistoia heddiw?
Wel, ydw, os ydy hi'n bosib.
Yn anffodus, mae'r ffordd ar gau eto. A does dim trên. Ond 'dych chi'n gallu aros yma heno eto.

Gwenodd hi. Gwenais i.

Ces i fwyd da i ginio, a gwin coch hyfryd. Ces i fwyd da i swper, roedd y wlad yn hyfryd, roedd y gwin coch yn hyfryd, ac roedd Maria'n hyfryd, yn gwenu wrth gwrs.

Os 'dych chi'n mynd i Fflorens, rhaid i chi fynd i Pistoia a dal y trên i Corbezzi. Mae'r trên yn rhedeg nawr, ac mae'r ffordd wedi agor. Dw i'n byw nawr yn y tŷ bwyta bach yn Corbezzi, gyda Maria. Dewch i gael cinio neu swper – mae'r pysgod yn hyfryd. Ac mae Maria yma'n gwenu, a dw i'n gwenu hefyd.

Geiriau
yn anffodus – *unfortunately*

Dau Gi Bach

Geiriau

am bob – *on each*
dŵad (gog) – dod (de) – *to come*

Holi Michael Sheen

Ar Ben Ffordd: Helô, shwmai?
Michael Sheen: Shwmai.

ABFf: O ble 'dych chi'n dod yn wreiddiol?
MS: Dw i'n dod o Gasnewydd. Ond pan o'n i'n wyth oed, aeth fy rhieni i fyw i Faglan, Port Talbot. Roedd fy rhieni i'n dod o Faglan.

ABFf: Oeddech chi eisiau bod yn actor pan oeddech chi'n blentyn?
MS: Nac o'n. Ro'n i'n hoffi chwarae pêl-droed yn yr ysgol. Pan o'n i'n ddeuddeg oed, roedd Arsenal eisiau i mi chwarae i'r tîm ieuenctid.

ABFf: Ond aethoch chi ddim i chwarae pêl-droed...
MS: Naddo. Doedd fy rhieni i ddim eisiau byw yn Lloegr.

ABFf: Beth nesa 'te?

MS: Dechreuais i actio gyda Theatr Ieuenctid Gorllewin Morgannwg, a wedyn Theatr Ieuenctid Genedlaethol Cymru.

ABFf: Beth oedd eich rhan fawr gynta chi?

MS: Ces i ran yn *Henry V.* Fi oedd Henry. Dw i'n hoffi actio yn y theatr.

ABFf: 'Dych chi wedi actio mewn llawer o ffilmiau hefyd...

MS: Dw i wedi actio Tony Blair mewn dwy ffilm. Yn 2011 ro'n i'n actio Iesu Grist yn *The Passion*, drama tri diwrnod ym Mhort Talbot. Roedd cast o fil o bobl. Yna actiais i yn *Hamlet*.

ABFf: 'Dych chi'n briod?

MS: Nac ydw, ond dw i'n canlyn Rachel McAdams, actores o Ganada. Dw i'n byw yn Los Angeles.

Geiriau

ieuenctid – *youth*
Gorllewin Morgannwg – *West Glamorgan*
rhan – *part*
canlyn – *court, in a relationship with*

Diwrnod ym mywyd – 1

Casglwr sbwriel

Dyn sbwriel? Dyn biniau? Pam 'dych chi'n chwerthin?
Os ydy'r prif weinidog ar wyliau, does dim problem o gwbl.
Os ydy'r athrawon ar streic, wel mae tipyn bach o broblem.
Os ydy dynion sbwriel ar streic, mae problemau mawr! 'Dyn
ni'n gwneud gwaith pwysig.

Ond dydy'r gwaith ddim yn hawdd. Ddoe roedd twpsyn
wedi gadael tun o olew yn y bag sbwriel! Aeth yr olew dros
fy nillad i i gyd!

A ddoe ro'n i'n casglu sbwriel yn y dre. Gwydr wedi torri,
nodwyddau, roedd y gwaith yn beryglus.

Y prynhawn 'ma mae rownd neis gyda fi – dw i'n casglu
sbwriel yn Radur. Mae pobl neis yn byw yn Radur. Pan dw

i'n casglu sbwriel yn Radur, dw i'n cadw llawer o bethau –
beic bach, sosban, DVDs.

Ond mae'r gwaith wedi gwella. Y ffasiwn nawr ydy
ailgylchu. Mae pobl yn ailgylchu papur, ac yn ailgylchu
plastig.

Casglwr sbwriel oedd Neville Southall – ar ôl cael digon o
ymarfer, daeth Neville yn gôl-geidwad i dîm pêl-droed
Cymru.

Casglwr sbwriel oedd Martin Phillips hefyd. Mae e'n dod o
Ddolgellau. Mae e'n chwarae dartiau – ac mae e wedi ennill
Cwpan Dartiau Ewrop.

Geiriau

bywyd – *life*
casglwr – *collector*
sbwriel – *refuse, rubbish*
chwerthin – *to laugh*
prif weinidog – *prime minister*
hawdd – *easy*
twpsyn – *fool*
olew – *oil*
gwydr – *glass*
nodwydd,au – *needle,s*
peryglus – *dangerous*
cadw – *to keep*
gwella – *to improve*
ailgylchu – *recycle*
gôl-geidwad – *goalkeeper*

Gyda'r doctor

O, doctor... dw i'n teimlo'n wael. Dw i'n dost.
Beth sy'n bod?
Dw i ddim yn gwybod beth sy'n bod.
Pam 'dych chi wedi dod bore 'ma?
Wel, dw i eisiau i chi ddweud beth sy'n bod!
Oes pen tost 'da chi?
Nac oes, does dim pen tost 'da fi.
Oes gwres arnoch chi?
Nac oes, does dim gwres arna i.
Oes annwyd arnoch chi?
Nac oes, does dim annwyd arna i.
'Dych chi'n edrych yn dda iawn.
Ond dw i'n teimlo'n wael.
O diar, dw i ddim yn gwybod beth i ddweud.
Wel, dw i ddim yn gallu cysgu.
Pryd 'dych chi'n mynd i'r gwely?
Dw i'n mynd i'r gwely am un ar ddeg o'r gloch.
Pryd 'dych chi'n codi?
Dw i'n codi am saith o'r gloch.
Beth 'dych chi'n wneud yn y nos, cyn mynd i'r gwely?
Dw i'n darllen, dw i'n edrych ar y teledu...
Beth 'dych chi'n hoffi ar y teledu?
Dw i'n hoffi edrych ar *science fiction*, a dwi'n hoffi chwarae
gemau ar yr iPad.
Wel, mae'r ateb gyda fi.
Diolch, doctor, beth yw'r ateb?
Edrychwch ar *Y Dydd yn y Cynulliad* bob nos – byddwch
chi'n cysgu'n dda wedyn.

Geiriau

yn wael – *ill*
beth sy'n bod? – *what's the matter?*

Ti'n jocan

Beth ydy dy hoff fwyd?
Mayonnaise.
Pam?
Mae o'n neis iawn.

Llun: Huw Aaron

Americanwr: Mae fferm fawr iawn gyda fi. Oes fferm fawr gyda ti?

Cymro: O oes, mae fferm fawr gyda fi, mae lot o ddefaid gyda fi.

Americanwr: Wel, os dw i'n mynd ar y tractor yn y bore, ac yn gyrru ar y tractor trwy'r dydd o gwmpas y fferm, dw i ddim yn cyrraedd adre tan y bore wedyn.

Cymro: Mae tractor fel'na gyda fi hefyd.

Geiriau
o gwmpas – *around*
fel'na – *like that*

Heno, heno

Heno, heno, hen blant bach, Heno, heno, hen blant bach,

Dime, dime, dime, hen blant bach, Dime, dime, dime, hen blant bach.

'Dych chi'n gallu canu 'Heno, heno' pan mae'r plant yn mynd i'r gwely. Yn y pennill nesa, 'dych chi'n rhoi 'gwely', yn lle 'heno'. Yn y trydydd pennill, 'dych chi'n rhoi 'cysgu', yn lle 'heno'. Yn y pennill ola, 'dych chi'n rhoi 'fory', yn lle 'heno'.

Geiriau
dime – *halfpenny*
pennill – *verse*
ola – *last*

Diwrnod ym mywyd – 2

Gyrrwr bws

Ydy gyrru bws yn ddiddorol? Ydy, wir. Dw i'n mynd yr un ffordd bob dydd. Ac yn dod yn ôl. Ond mae rhywbeth newydd i'w weld o hyd. Ac mae digon o bobl eraill ar y ffordd. Maen nhw'n gwneud y daith yn ddiddorol bob tro.

Dw i'n mwynhau gyrru o gwmpas y wlad, ond y peth gorau am y gwaith ydy'r bobl. Dw i'n cyfarfod llawer o bobl ddifyr iawn.

Dw i'n hoff iawn o fore Llun. Mae hen bobl yn cael dod ar y bws am ddim gyda'r *bus pass*. Dydd Llun mae'r hen bobl yn dod i mewn i'r dre i siopa, i gael coffi, i gael sgwrs. Dw i'n nabod rhai o'r hen bobl erbyn hyn. Mae Mrs Jones yn mynd i'r ysbyty i helpu yn y siop. Mae hi'n mynd â troli bwyd a diod i'r wardiau. Mae hi'n hapus i gael sgwrs efo pawb. Mae hi'n hoffi helpu.

Mae Eira Puw yn dod ar y bws yn y dre efo Dafydd, ei bachgen bach dwy oed. Dydy hi ddim yn medru gyrru. Mae'r bws yn mynd â hi i'r archfarchnad ac yn mynd â hi adre ar ôl gorffen siopa. Mae gynni hi lawer o fagiau trwm pan mae hi'n dod yn ôl ar y bws. Mae hi'n ddynes brysur, ond mae hi'n glên iawn. Mae gynni hi amser am sgwrs bob tro.

Mae Cyril Evans yn hoffi dod ar y bws. Mae o'n hoffi eistedd yn y blaen, wrth y gyrrwr. Roedd o'n arfer teithio dros Gymru yn ei waith. Ond mae o wedi ymddeol rŵan. Mae o'n hoffi teithio o hyd – a rhoi help i'r gyrrwr. Mae o'n gwybod y ffordd yn well na fi, weithiau!

O, ydw, dw i'n mynd o le i le yn hapus. Dw i'n hoffi clywed pobl yn dweud 'helô' ac yn dweud 'hwyl fawr'. Mae'r bws yn wag weithiau. Dyna pryd dw i'n cael amser i deithio yn y meddwl.

Geiriau

gorau – *best*
difyr – *fascinating*
trwm – *heavy*
clên (gog) = ffein (de) – *kind, friendly*
blaen – *front*
gwag – *empty*
meddwl – *mind*

Pêl

Pêl criced, polo, croci – pêl biliards,
   Pêl bowlio, golff, rygbi,
  Snwcer, tenis neu hoci,
  Ble mae'u hud? Ffwtbol i mi!

R J Roberts

Geiriau
hud – *magic*

Stori Matilda de Braose

Mae llawer o storïau diddorol o gwmpas Cymru. Dyma un o ardal y Gelli Gandryll...

Roedd Matilda de Braose yn fenyw gryf iawn, iawn.

Roedd hi'n byw yn amser y Brenin John ac roedd hi'n wraig i William de Braose.

Roedd William yn ddyn cas. Cafodd e'r enw 'Cawr y Fenni'.

Yn ôl y stori, adeiladodd Matilda Gastell y Gelli ar ei phen ei hun – mewn un noson!

Sut? Cariodd hi'r cerrig yn ei ffedog.

Cwympodd un garreg ac aeth hi i mewn i'w hesgid. Beth wnaeth Matilda? Cododd hi'r esgid a'i thaflu hi i fynwent Sant Meilig, dair milltir i ffwrdd. Gallwch chi weld y garreg hyd heddiw. Mae hi'n naw troedfedd o uchder.

Roedd Matilda yn ddewr iawn hefyd. Roedd hi'n amddiffyn Castell Paicastle am amser hir yn erbyn y Cymry yn 1198. 'Castell Matilda' oedd enw'r castell ar ôl hynny.

Wyddoch chi?

Mae gŵyl lyfrau yn y Gelli Gandryll bob blwyddyn. Gŵyl y Gelli ydy ei henw hi. Dyma'r ŵyl lyfrau fwya yn y byd. Yn y castell nawr, mae siop hen lyfrau.

Geiriau

ardal – *area*
Y Gelli Gandryll – *Hay-on-Wye*
cryf – *strong*
brenin – *king*
cawr – *giant*
adeiladodd – *built*
ffedog – *apron*
mynwent – *cemetery*
troedfedd – *foot (measurement)*
o uchder – *tall*
dewr – *brave*
amddiffyn – *to defend*
gŵyl – *festival*

Parti'r Ysgol Gymraeg

Roedd Hannah wedi cael llythyr – llythyr gan yr ysgol, ei hen ysgol, Ysgol Gymraeg Aberalun. 'Croeso i chi ddod i barti'r ysgol: mae'r ysgol yn 40 oed. 'Dyn ni eisiau i gyn-ddisgyblion ddod i'r parti, nos Fercher, Tachwedd 14, am 7 o'r gloch. Bydd siawns i bawb ddweud ei stori!'

Roedd Hannah yn un o ddisgyblion cynta'r Ysgol Gymraeg. Roedd hi'n cofio'r ysgol – roedd hi'n ysgol fach iawn, doedd dim llawer o blant yno. Roedd hi'n hapus yn yr ysgol fach. Roedd hi'n hapus yn breuddwydio am bethau mawr.

Doedd Hannah ddim yn siŵr beth i wneud nawr. Roedd Hannah wedi symud o Aberalun pan oedd hi'n 18 oed. Roedd hi'n byw mewn pentre bach pan oedd hi'n blentyn. Roedd hi eisiau profi bywyd yn y ddinas fawr ar ôl gorffen yn yr ysgol.

Aeth hi i Lundain i fyw. Cafodd hi waith mewn siop esgidiau ac roedd hi'n rhentu stafell mewn tŷ bach wrth y siop. Roedd hi'n hoffi gweld yr esgidiau hyfryd yn y siop. Roedd hi wrth ei bodd!

Roedd hi'n meddwl: 'Un diwrnod, bydda i'n mynd adre i Aberalun i fyw.'

Ar ôl blwyddyn neu ddwy, aeth hi i goleg yn Llundain i astudio dylunio. Dechreuodd hi ddylunio esgidiau. Yna buodd ei mam hi farw. Arhosodd hi yn Llundain. Gweithiodd hi yn galed iawn. Cafodd hi waith gyda chwmni esgidiau bach. Yna cafodd hi waith gyda dylunydd mawr.

Oedd hi eisiau mynd yn ôl i Aberalun? Doedd hi ddim wedi bod yn ôl ers yr angladd. Doedd hi ddim wedi gweld ei ffrindiau ers blynyddoedd. Sut oedd Ifan, Mary a Martin nawr? Oedd, roedd hi eisiau gwybod. Roedd digon gyda hi i ddweud. Ac roedd yr esgidiau perffaith gyda hi i wisgo.

Geiriau
cyn-ddisgyblion – *former pupils*
siawns – *chance*
breuddwydio – *to dream*
profi – *to experience*
rhentu – *to rent*
wrth ei bodd – *very happy*
dylunio – *to design*
angladd – *funeral*
perffaith – *perfect*

'Dach chi'n berson ofnus?

'Dach chi'n ddewr neu 'dach chi'n berson ofnus? Atebwch y cwestiynau yma i weld…

1. Mae hi'n noson Calan Gaeaf. Beth 'dach chi'n ei wneud?

Mynd o dŷ i dŷ yn codi ofn ar bobl. (1)
Aros yn y tŷ, cau'r llenni. (3)
Mynd i 'ysbryd' y parti. (2)

2. Mae pry cop yn y bath. Beth 'dach chi'n ei wneud?

Galw am help. (2)
Cael bath. (1)
Sgrechian! (3)

3. 'Dach chi yn y tŷ ar eich pen eich hun a 'dach chi'n clywed sŵn. Beth 'dach hi'n ei wneud?

Ffonio'r heddlu – neu ffonio Mam. (3)
Dim byd. Y gwynt ydy o. (1)
Mynd allan i weld pwy – neu beth – sy yno. (2)

4. 'Dach chi'n gwylio ffilm arswyd. 'Dach chi'n mwynhau?

"Ydw, mae'n wych." (1)
"Mae'n iawn – mae'n esgus da i gael cwtsh ar y soffa." (2)
"Pa ffilm? Dw i ddim yn edrych ar y teledu." (3)

5. 'Dach chi'n cerdded ar y ffordd yn y nos. 'Dach chi'n clywed sŵn. Beth 'dach chi'n ei wneud?

Rhedeg. (2)
Galw am help! (3)
Troi a dweud, "Helô?" (1)

Wel, 'dach chi'n berson ofnus?

5–8 marc: Wwww! 'Dach chi ddim yn berson ofnus o gwbl. 'Dach chi'n ddewr iawn, iawn!
9–12 marc: 'Dach chi'n ofnus weithiau a 'dach chi'n ddewr weithiau. Grêt!
13–15 marc: Bobl bach! 'Dach chi'n berson ofnus iawn. Triwch ymlacio mwy!

Geiriau
ofnus – *frightened, afraid*
noson Calan Gaeaf – *Hallowe'en*
codi ofn ar – *to frighten*
llenni – *curtains*
ysbryd – *spirit, ghost*
pry cop – *spider*
sgrechian – *to scream*
sŵn – *a noise*
ffilm arswyd – *horror film*
esgus – *excuse*
cwtsh – *cuddle*
troi – *to turn*
triwch ymlacio mwy – *try to relax more*

Anrheg felys iawn?

Mae dwy fenyw yn dod i'r tŷ – bob bore Mawrth.
Menywod glanhau ydyn nhw. Maen nhw'n glanhau'n dda.
Maen nhw'n hoffi'r gwaith, dw i'n credu.
Ro'n i eisiau prynu anrheg Nadolig iddyn nhw.

Es i i Tesco i chwilio am focs o siocledi. Ro'n nhw'n
gwerthu siocledi – dau focs am bris un. Ro'n i'n lwcus –
dwy anrheg am £12.
Ro'n i eisiau prynu afalau, moron, tatws a bara hefyd.
Es i at y til. Siaradais i â'r ferch wrth y til.
"Oes bag gyda chi?" Roedd wyneb caredig gyda'r ferch.
"Mae un bag gyda fi, ond does dim lle yn y bag i'r siocledi."
"Mae bagiau mawr yma – dim ond 10 ceiniog."
Talais i 10c am fag mawr i'r siocledi. Talais i am y bwyd.

Ar ôl dod adre, edryches i ar y bil. Dim ond deg punt! Ond
ro'n i wedi prynu dau focs o siocledi – £12 am y ddau.
Do'n i ddim wedi talu am y siocledi! O diar, roedd y ferch
wrth y til wedi anghofio am y siocledi yn y bag.
Roedd y menywod glanhau yn hoffi'r siocledi.

Es i'n ôl i Tesco ar ôl y Nadolig. Ro'n i eisiau talu am y
siocledi. Ond doedd y ferch garedig ddim yn y siop. Es i'n ôl
i'r siop ar ôl mis. Doedd y ferch ddim yno eto. Do'n i ddim
yn gwybod beth i wneud. Ro'n i'n poeni. Ro'n i'n poeni
bod y ferch wedi cael y sac. Nadolig Llawen.
Mae'r menywod glanhau yn dal i ddod bob wythnos, maen
nhw'n gweithio'n galed, ac maen nhw'n glanhau'n dda.

Geiriau
wyneb – *face*
caredig – *kind*
dal – *still*
caled – *hard*

Barack Obama – y Cymro?

Barack Obama ydy Arlywydd yr Unol Daleithiau. Mae rhai o deulu Obama yn dod o Kenya. Mae rhai yn dod o Gymru hefyd.

Mae'n rhaid mynd yn bell, bell yn ôl i ddod o hyd i Gymry yn nheulu Obama... Mae William Addams Reitwiesner wedi gwneud hynny. Mae hen, hen, hen, hen, hen daid yr Arlywydd yn dod o Ynys Môn. Ei enw o oedd Robert Perry. Cafodd o ei eni yn 1786.

Mae enwau Cymreig eraill yng nghoeden achau Barack Obama hefyd – Jones, Rees, Lewis, Hughes a Harris. Ond, mae gan lawer o bobl America yr enwau yma. Roedd yna Hoskins hefyd. Roedd o'n dod o Gymru cyn Robert Perry hyd yn oed.

Mae storïau eraill sy'n cysylltu Cymru ac America hefyd...

ApMeuriga?

Mae stori am yr enw 'America'.
Ond, 'dach chi'n credu'r stori yma? Dim Amerigo Vespucci roiodd yr enw i'r cyfandir, ond Cymro o'r enw Richard Ameryk.
Pwy oedd o? Roedd o'n byw ym Mryste. Roedd o'n ddyn cyfoethog ac roedd o'n rhoi arian i helpu morwyr fel John Cabot. Aeth o i America yn 1497. Aeth morwyr eraill i Newfoundland yn 1497 hefyd, efo arian gan Richard Ameryk.
Ydy 'America' yn dod o'i enw o? Ydy, meddai rhai.

A beth ydy Ameryk?
Ap Meurig, wrth gwrs!

Cymru ac America

Aeth Madog, mab Owain Gwynedd, i America tua 1100 – cyn Columbus, yn ôl y chwedl.

Mae cysylltiad rhwng Cymru a phrifysgol Yale.
Roedd Elihu Yale yn dod o ardal Wrecsam – dyma'r 'Yale' yn enw'r brifysgol.

'Cymru newydd' oedd yr enw ar un rhan o Pennsylvania yn wreiddiol.

Roedd teulu Thomas Jefferson yn dod o Gymru. Roedd teulu Abraham Lincoln yn dod o Gymru hefyd, meddai rhai.

Mae teulu'r canwr Donny Osmond yn dod o Gymru. Mormon ydy Donny Osmond. Mae teuluoedd llawer o'r Mormoniaid yn Salt Lake City yn dod o Gymru yn wreiddiol.

Geiriau
arlywydd – *president*
Unol Daleithiau – *United States*
cafodd o ei eni – *he was born*
Cymreig – *from Wales*
coeden achau – *family tree*
hyd yn oed – *even*
cysylltu – *to connect*
cyfandir – *continent*
Bryste – *Bristol*
cyfoethog – *rich*
morwr, morwyr – *sailor,s*
meddai rhai – *some say*

Helô Menna Elfyn!

Ar Ben Ffordd: O ble 'dych chi'n dod yn wreiddiol?
Menna Elfyn: O Bontardawe.

ABFf: Ble 'dych chi'n byw nawr?
ME: Dw i'n byw yn Llandysul.

ABFf: Beth ydy'ch gwaith chi?
ME: Bardd.

ABFf: Pwy sy yn eich teulu chi?
ME: Wynfford James, fy ngŵr i, Meilyr Ceredig, fy mab i a Fflur Dafydd, fy merch i. Mae Fflur yn ysgrifennu hefyd.

ABFf: Beth ydy'ch diddordebau chi?
ME: Pan 'dych chi'n ysgrifennu, mae cant a mil o ddiddordebau gyda chi – darllen, ymchwilio ac yn y blaen. Pan dw i'n drist dw i'n canu'r piano a'r delyn. Hefyd, dw i'n nofio bedair neu bum gwaith bob wythnos.

Geiriau

cant a mil – *a thousand and one (one thousand one hundred* yn Gymraeg!*)*
ymchwilio – *to research*
ac yn y blaen – *etc.*
telyn – *harp*
bedair neu bum gwaith – *four or five times*

Chutzpa*

'I want to be outrageous, in Welsh', sylw ffrind

Mae eisie bod yn hy',
Medde hi.
Yn lle
'Dwi'n hoffi coffi,'
Beth am
'Dwi'n hoffi wisgi
Gyda tecila, [sori, 'thecila']
A'i yfed ym Manila.'

Mae eisie bod yn hy',
Medde fe.
Yn lle
'Dwi'n hoffi gyrru,'
Beth am
'Dwi'n hoffi hedfan
Mewn hofrennydd,
Yna, neidio allan
Gyda fy adenydd.'

Mae eisie bod yn hy',
Medden nhw,
Yn lle
'Ry'n ni'n hoffi dysgu,'
Beth am
'Ry'n ni'n caru
Wisgi,
Mewn hofrennydd.'

Ond,
Medden ni,
'Yn lle neidio allan
A pheidio â chyrraedd y lan,
Ry'n ni'n saff yn yr Wlpan!'

Menna Elfyn, *Er Dy Fod*, Gomer

* Chutzpa. Gair Yideg am 'hyder', 'bod yn hy" a 'haerllug'.

Geiriau

sylw – *comment*
hy' – *outrageous*
yn lle – *instead of*
hedfan – (*to*) *fly*
hofrennydd – *helicopter*
adenydd – *wings*
peidio â chyrraedd y lan – *not reaching the shore*
Yideg – *Yiddish*
hyder – *confidence*
haerllug – *cheeky*

Mae chwe llyfr yn y gyfres Ar Ben Ffordd i gyd.
Dyma'r camau nesa i ddarllenwyr *Camu Ymlaen* –
Lefel Mynediad, *Ling-di-long*, a Lefel Sylfaen,
Mynd Amdani:

TALYBONT, CEREDIGION, CYMRU SY24 5HE
e-bost: ylolfa@ylolfa.com
y we: www.ylolfa.com
ffôn: 01970 832304
ffacs: 01970 832782